L'AMOUR

UN FORT VOLUME, PRIX : 3 FR. 50 C.

PARODIE MÊLÉE DE COUPLETS, EN UN ACTE

DE

MM. EUGÈNE LABICHE et ÉDOUARD MARTIN

Représentée pour la première fois à Paris, sur le théâtre du Palais-Royal,
le 16 mars 1859.

PERSONNAGES

COLACHE..........................	MM. Hyacinthe.
PIPEREL..........................	Amant.
STRAPONTIN.......................	Brasseur.
ELPHÉGE..........................	Lassouche.
ANATOLIE PIPEREL.................	Mlles Thierret.
HERMANCE, femme de Colache.......	Dubouchet.
JULIE, femme de chambre..........	Melcy.

La scène est à Asnières, chez Colache.

PARIS

LIBRAIRIE NOUVELLE
BOULEVARD DES ITALIENS, 15

A. BOURDILLIAT ET Ce, ÉDITEURS

Représentations, reproductions et traductions réservées

1859

L'AMOUR

UN FORT VOLUME, PRIX : 3 FR. 50 C.

Le théâtre représente une salle à manger de campagne. — Buffet, table. — Porte au fond donnant sur le théâtre. — Portes latérales.

SCÈNE PREMIÈRE

JULIE, regardant par la serrure de la porte de gauche. — Deuxième plan.

Non... je ne vois rien... elle n'est pas encore levée... Hier, en regardant par le trou de la serrure, j'ai vu une drôle de chose !... J'ai vu la tante de madame qui se mettait de la farine sur la figure avec une houppe !... Est-ce qu'elle se déguiserait en Pierrot, quand elle est seule ? (On sonne à droite.) Ah ! c'est monsieur qui se réveille !... Il est revenu hier de Paris avec un livre... jaune... qu'il a lu toute la nuit... car ce matin... en regardant par le trou de la serrure... j'ai aperçu de la lumière dans sa chambre... alors, madame est partie, sans lui, faire sa promenade au bord de l'eau. (On sonne de nouveau.) Voilà ! voilà !

(Elle entre à droite. — Premier plan.)

SCÈNE II.

HERMANCE, puis STRAPONTIN.

(A peine Julie est-elle sortie, qu'Hermance entre précipitamment par le fond.)

HERMANCE, seule.

Enfin, me voilà débarrassée de ce monsieur qui me suivait...

STRAPONTIN, entrant. *

Madame, j'ai bien l'honneur de vous saluer.

HERMANCE.

Encore vous ! Mais, monsieur, je ne vous connais pas...

STRAPONTIN.

Moi non plus, mais je sais que vous avez une taille charmante, un pied délicieux et une jambe...

HERMANCE.

Comment !

STRAPONTIN.

J'ai eu l'honneur d'en entrevoir une partie sur le pont d'Asnières...

HERMANCE.

Vous avez osé...

STRAPONTIN.

C'est la faute du vent ; il fait un bien joli petit vent aujourd'hui...

HERMANCE.

Enfin, monsieur, que voulez-vous ? que demandez-vous ?

STRAPONTIN.

Toujours la même chose... Je demande à vous aimer...

* Hermance, Strapontin.

HERMANCE.

Mais, monsieur, j'ai un mari.

STRAPONTIN.

Oh ! tant mieux ! les femmes mariées, c'est mon fort.

HERMANCE.

Hein ?

STRAPONTIN.

Madame, je suis peintre, canotier... et d'un naturel caressant...

HERMANCE.

Laissez-moi !... je vous défends de me parler, de me suivre... ou j'appelle mon mari...

STRAPONTIN, à part.

Diable !

HERMANCE, lui montrant la porte.

Je ne vous retiens pas. (A part.) A-t-on jamais vu ? *

CHOEUR.

Air *de Daranda.*

HERMANCE.

Retirez-vous, monsieur, je vous l'ordonne,
Je n'aime pas vos airs de grand vainqueur ;
Votre démarche est vraiment trop bouffonne
Et mon mari seul a droit à mon cœur.

STRAPONTIN.

Adieu donc, puisque madame l'ordonne ;
Elle aime peu mes airs de grand vainqueur,
Et ma démarche est vraiment trop bouffonne,
Si son mari seul a droit à son cœur.

(Elle entre à droite.)

* Strapontin, Hermance.

SCÈNE III.

STRAPONTIN, puis PIPEREL.

STRAPONTIN.

Ça... c'est une femme froide.

PIPEREL, sortant du deuxième plan, à gauche.*

Julie!... où est donc la bonne?

STRAPONTIN, à part.

Oh! le mari sans doute...

PIPEREL, l'apercevant et le saluant.

Monsieur...

STRAPONTIN.

Que lui dire?... Monsieur...

PIPEREL.

Je viens chercher une goutte d'huile... Figurez-vous que je me suis amusé hier à démonter ma montre...

STRAPONTIN.

Ah!

PIPEREL.

Et aujourd'hui je vais la reconstruire... Il y a longtemps que je me proposais cette petite récréation... et comme je suis venu passer deux jours à la campagne avec ma femme...

STRAPONTIN.

Vous profitez du beau temps. (A part.) Il a une bonne tête à cultiver.

PIPEREL.

Monsieur désire quelque chose?

* Piperel, Strapontin.

STRAPONTIN.

Moi ? non... c'est-à-dire, je suis employé au cadastre... et le cadastre... vous comprenez...

PIPEREL.

Parfaitemement.

STRAPONTIN, saluant.

Monsieur, j'ai bien l'honneur...

PIPEREL, saluant.

Monsieur...

STRAPONTIN, à part, de la porte.

Il a une trop bonne tête, je reviendrai.

SCÈNE IV

PIPEREL, puis COLACHE.

PIPEREL.

Il est très-aimable, ce jeune homme. Où diable met-on l'huile ? (Il va au buffet.)

COLACHE, entrant de la droite, premier plan, avec un flambeau dont la bougie est consumée. *

Cristi ! que les yeux me picotent. Voilà ce qu'il me reste d'une bougie toute neuve...

PIPEREL.

Ah ! voilà la burette... Bonjour, Colache.

COLACHE.

Bonjour, mon oncle Piperel.

PIPEREL.

Je viens chercher une goutte d'huile... pour reconstruire ma montre... J'y réussirai, j'y réussirai. (Il entre à gauche.)

* Piperel, Colache.

SCÈNE V

COLACHE, puis ANATOLIE, puis JULIE.

COLACHE, seul, tirant un livre de sa poche.

Le voilà ce livre incommensurable ! L'*Amour !* un fort volume, prix : trois francs cinquante centimes... C'est beau ! c'est tendre ! c'est élevé ! ça se vend comme du pain... que dis-je ? comme de la galette ! Il y a bien par-ci par-là quelques petits passages un peu trop... On pourrait appeler ça l'*Almanach des Dames !*

ANATOLIE, sortant de sa chambre. *

Bonjour, mon neveu, comment allez-vous ce matin ?

COLACHE.

Pas mal... les yeux me picotent. J'ai passé la nuit à lire un livre...

ANATOLIE.

Quel livre ?

COLACHE.

L'*Amour !* un fort volume...

ANATOLIE.

Oh ! j'en ai beaucoup entendu parler... On dit que c'est salé !

COLACHE.

C'est tout simplement le paratonnerre des maris. Ah ! si je l'avais connu du vivant de ma première femme... je n'aurais pas été...

ANATOLIE.

Quoi ?

COLACHE.

Enrégimenté.

ANATOLIE.

Comment ! vous avez été ?...

* Colache, Anatolie.

COLACHE, gaiement.

Parfaitement!! Vous ne le saviez pas?

ANATOLIE.

Non.

COLACHE.

Tout le monde le sait... je n'ai pas envoyé de lettres de faire part... mais tout le monde le sait... C'était en cinquante-quatre... Je fis la connaissance d'un peintre, d'un canotier... nommé Strapontin... Il me prêtait sa carte pour aller au musée... et pendant ce temps-là, il faisait le portrait de ma femme... Charmant homme, du reste.

ANATOLIE.

Et qu'est-il devenu ?

COLACHE.

Je n'en sais rien... Dès que j'ai été veuf, il a cessé de me voir... Ce n'était pas un véritable ami.

ANATOLIE.

Et s'il venait à apprendre que vous êtes remarié...

COLACHE.

Il reviendrait... mais je ne le crains plus... grâce à ce livre... non! ce poëme.

ANATOLIE.

Et que dit-il?

COLACHE.

Bien des choses... d'abord la femme est une malade... Ainsi vous, vous êtes malade...

ANATOLIE.

Moi? une omelette de douze œufs ne me fait pas peur.

COLACHE.

Vous êtes une malade qui aimez l'omelette... Ensuite la femme ne doit pas travailler... elle a été créée pour aimer, pour flâner et pour causer avec les roses...

ANATOLIE.

Et si elle s'ennuie ?

COLACHE.

On lui permet de faire des confitures et des pâtes d'abricot... mais pas plus.

ANATOLIE.

Ah ! le drôle de livre !

COLACHE.

Ce n'est rien. Si vous aviez lu le fameux chapitre : De l'imprégnation morale de la femme.

ANATOLIE.

L'imprégnation ? Qu'est-ce que c'est que ça ?

COLACHE.

C'est très-simple ; une supposition, vous épousez une petite brute... une idiote...

ANATOLIE.

Oui.

COLACHE.

Eh bien ! peu à peu, par la force du grand amour, votre âme entre dans son âme... suivez-moi bien... l'électricité positive se trouvant en contact avec l'électricité négative par l'affinité des dissemblables... vous me suivez ?

ANATOLIE.

Allez !...

COLACHE.

Opère le sublime miracle de la transformation.

AIR *de Lauzun.*

Du mari dont elle a fait choix
La femme prend d'abord l'allure,
Puis le nez, la bouche, la voix ;
Elle en prend même l'écriture.
Avez-vous l'esprit gai, chagrin ?
Elle est joyeuse ou renfrognée,
Car, soumise à votre destin,
Votre épouse est bien imprégnée.

ANATOLIE, à part.

Je trouve ça splendide !

COLACHE.

Tante Piperel, avez-vous remarqué que depuis quelque temps, Hermance, ma seconde, devenait rêveuse, soucieuse et nerveuse...

ANATOLIE.

Non.

COLACHE.

Hier soir, je lui ai pincé le coude... elle m'a répondu : Tu m'ennuies.

ANATOLIE.

C'est un symptôme.

COLACHE.

Ma première me faisait exactement la même réponse chaque fois que je lui pinçais le coude... et elle me plaçait sur le strapontin... du ridicule !

ANATOLIE.

Pauvre Colache !

COLACHE.

Alors j'ai conçu un projet... c'est de mettre ce livre en pratique, de le suivre à la lettre, d'en faire le code de mon ménage... le code Colache.

JULIE, entrant par le fond, avec un panier.*

J'arrive du marché.

COLACHE, à Anatolie.

Attention ! ça va commencer... Julie, pose ton panier et approche...

JULIE, posant son panier sur le buffet.

Voilà, monsieur.

COLACHE.

Ma fille... je suis très-content de toi... tu es fidèle, tu es dévouée, tu cuisines agréablement...

JULIE, remerciant.

Ah ! monsieur.

* Colache, Julie, Anatolie.

COLACHE.

Ce n'est pas tout... tu couds comme une fée... tu blanchis comme un ange... et tu coiffes comme la maison Mariton...

JULIE.

Monsieur est bien bon. (A part.) Il va m'augmenter!

COLACHE.

Donc... je te flanque à la porte.

JULIE.

Hein?

ANATOLIE.

Ah bah!

COLACHE, à Anatolie.

C'est indiqué page 98. *

JULIE.

Qu'est-ce que j'ai fait?

COLACHE.

Page 98! (Lui donnant de l'argent.) Voilà tes huit jours... file.

JULIE, à part, sortant.

Ah ben! en voilà une barraque! (Elle disparaît.) **

ANATOLIE.

Mon neveu, j'avoue que je ne comprends pas.

COLACHE.

Chapitre 9... Le mari sera la femme de chambre de sa femme, son médecin, son père, sa mère, sa tante, sa cousine et sa cuisinière...

ANATOLIE.

Sa cuisinière?... Ah çà! et pour laver la vaisselle?...

COLACHE.

On a prévu le cas... car on a tout prévu. Le mari prendra

---

* Julie, Colache, Anatolie.
** Anatolie, Colache.

une bonne fille de campagne, malpropre, gauche, qui mettra ses sabots dans les plats... et ses mains dans le potage... mais qui aura conservé le velouté de l'âme.

ANATOLIE.

Le velouté de l'âme! c'est admirable... (Lui arrachant le livre.) Donnez-moi ce livre, je veux le dévorer dans la solitude.

COLACHE.

Méfiez-vous... * car il y a des passages que je n'oserais pas lire devant monsieur votre mari... sans éteindre la lampe... parce qu'alors je ne pourrais pas les lire !

ANATOLIE.

Piperel est une poule mouillée... Moi, je n'ai pas peur. (Elle entre dans sa chambre.)

SCÈNE VI

COLACHE, HERMANCE. **

COLACHE.

Elle est courageuse, cette femme.

HERMANCE, entrant en appelant.

Julie!... Julie!...

COLACHE.

Ta bonne?... je lui ai donné une forte course.

HERMANCE.

Es-tu fou?... je ne suis ni habillée... ni coiffée.

COLACHE, à part.

Voilà le moment d'entrer en fonctions... (Il tire un peigne de sa poche et retrousse ses manches.) Assieds-toi.

HERMANCE, étonnée.

Que veux-tu faire ?

---

* Colache, Anatolie.
** Colache, Hermance.

COLACHE.

Te coiffer...

HERMANCE.

Toi !... Ah ! par exemple.

COLACHE.

N'as-tu pas vu au musée un tableau représentant l'Amour peignant Vénus ? Voilà.

HERMANCE, à part.

Il perd la tête.

COLACHE, lui prenant les cheveux.

Ah ! qu'ils sont doux tes cheveux...

HERMANCE.

Prenez garde... vous les emmêlez.

COLACHE.

Pour les démêler ensuite... Sensation nouvelle, bonheur inconnu ! page 101.

HERMANCE.

Vous dites ?

COLACHE.

Rien !... Hermance, tu es ma divine comédie. Page 102.

HERMANCE, poussant un petit cri.

Ah ! vous me tirez les cheveux... Laissez... je finirai moi-même.

COLACHE.

Tu es agacée... Tu n'as pas ta migraine ?

HERMANCE.

Non.

COLACHE.

C'est que tu l'as bien souvent... Je vais te faire de la bourrache... *

HERMANCE.

Vous m'ennuyez avec votre bourrache... Tenez, mettez-moi plutôt cette épingle.

* Hermance, Colache.

1.

L'AMOUR

COLACHE.

Où ça?

HERMANCE.

Là! derrière le cou... (Poussant un cri.) Aïe! vout m'avez piquée.*

COLACHE.

C'est une blessure de l'amour.

HERMANCE.

Ah! vous êtes maladroit; vous êtes insupportable.

COLACHE.

Mais...

HERMANCE.

Laissez-moi! laissez-moi! (Elle rentre dans sa chambre et lui ferme la porte sur le nez.)

SCÈNE VII

COLACHE, puis STRAPONTIN, en paysanne.

COLACHE, seul.

Elle n'est pas encore imprégnée.

STRAPONTIN. (Il entre habillé en femme de campagne, costume très-propre.)

Où-s-qu'est le bourgeois, s'il vous plaît?**

COLACHE.

Une fille des champs!...

STRAPONTIN.

Pour lors on m'a dit que vous cherchiez une domestique... (S'arrêtant tout à coup, à part.) Ah crebleu!... Colache!... mon imbécile de 54.

* Colache, Hermance.
* Strapontin, Colache.

COLACHE, à part.

C'est drôle, cette paysanne a un faux air de ressemblance avec Strapontin. (Haut.) De quel pays êtes-vous ?

STRAPONTIN.

Je suis de Montlhéry... où qu'y a une tour...

COLACHE, à part.

Ce n'est pas ça !... Strapontin était des Batignolles ! (Haut.) Et vous désirez entrer à mon service ?

STRAPONTIN.

Tout de même.

COLACHE.

Je vous préviens que vous aurez à faire tous les gros ouvrages... ma femme est délicate.

STRAPONTIN, s'oubliant.

Tiens ! vous êtes remarié ?

COLACHE.

Qui vous a dit que j'avais déjà été marié.

STRAPONTIN.

C'est... c'est le jardinier.

COLACHE.

Comment vous appelez-vous ?

STRAPONTIN.

Thomassine, la petite Thomassine.

COLACHE, à part.

Elle a un bon nom... et comme c'est bâti comme c'est carré ; voilà bien la fille de la page 98.

STRAPONTIN.

Comme ça, vous me prenez ?

COLACHE.

Un instant ! (A part.) A-t-elle conservé le velouté de l'âme ?... Je vais le savoir... (Haut.) Thomassine, ma petite Thomassine...

STRAPONTIN.

Bourgeois ?

COLACHE, lui prenant tout à coup la taille.

Quiriquiqui !

STRAPONTIN, lui donnant une forte tape.

Aïe donc !

COLACHE, se frottant le bras.

Ça me suffit ! Tu me plais, je t'arrête.

STRAPONTIN.

Alors, topons.

COLACHE, lui donnant la main.

C'est topé. (A part.) Elle a une bonne poigne ! elle fendra bien le bois. (Haut.) Attends-moi là... je vais te chercher de l'ouvrage.

STRAPONTIN, à part.

Déjà ! *

COLACHE, à part..

Hier, j'ai entendu craquer mon pantalon en sautant un ruisseau... (Haut.) Attends-moi... est-elle bâtie... (Il entre dans sa chambre.)

SCÈNE VIII

STRAPONTIN, puis HERMANCE.

STRAPONTIN seul, chantant.

AIR *de La itou. (Canotiers de la Seine.)*

Il n'a pas de soupçon
De cette trahison.
Je suis dans la maison !
Vraiment le tour est bon !
La itou, la la la la ère,
La itou, la la la la ou.

Ah ! il est remarié !... Alors la petite dame que j'ai suivie...

* Colache, Hermance.

Ce pauvre Colache !... c'est gentil à lui d'avoir repris une jolie femme... (Riant.) Ça serait drôle... de le renvoyer se promener au Musée.

HERMANCE, entrant. *

Voici ma toilette un peu réparée...

STRAPONTIN.

Madame, j'ai l'honneur de vous saluer.

HERMANCE.

Le monsieur de ce matin !

STRAPONTIN.

Toujours lui ! lui partout !...

HERMANCE.

Vous ici, monsieur... sous ce déguisement.

STRAPONTIN.

Oui... pour vous revoir, j'ai endossé ce costume de nourrice... je me suis emprisonné dans un corset... qui me gêne !

HERMANCE.

Mais, monsieur...

STRAPONTIN.

Oh ! ce n'est pas un amour ordinaire que le mien. J'ai juré de vous aimer, de vous adorer, de descendre avec vous le chemin de la vie...

HERMANCE.

Et mon mari ? **

STRAPONTIN.

Il est large le chemin de la vie... on peut y marcher à trois...

HERMANCE.

Par exemple !... Pour qui me prenez-vous, monsieur ?... Sortez, ou j'appelle

* Hermance, Strapontin.
** Strapontin, Hermance.

STRAPONTIN.

Jamais ! jamais ! jamais !

HERMANCE.

Oh ! c'est trop fort ! (Appelant.) Colache ! Colache !

STRAPONTIN, tirant un pistolet de son fichu.

Vous voulez que je meurs ?... Soit !

HERMANCE, effrayée.

Un pistolet !

STRAPONTIN.

Si vous faites un mouvement... couic !

HERMANCE.

Arrêtez !... je me tairai... je me tairai.

COLACHE, dans la coulisse.

Thomassine ! Thomassine !

STRAPONTIN, à part.

Lui !... passez, muscade.

(Il refourre le pistolet dans son fichu.)

SCÈNE IX

HERMANCE, STRAPONTIN, COLACHE.

COLACHE, entrant avec un pantalon à la main et une corbeille à ouvrage. *

Thomassine... (Apercevant Hermance.) Ah ! te voilà... C'est une nouvelle bonne... comment la trouves-tu ?

HERMANCE, embarrassée.

Mais, mon ami, je ne comprends pas... (Voyant Strapontin porter la main à son fichu.) Très-bien ! très-bien !

* Strapontin, Colache, Hermance.

COLACHE.

Elle est forte comme un Turc... je crois que nous en serons contents... (Donnant son pantalon à Strapontin.) Tiens, ma fille, tu vas me recoudre mon pantalon...

STRAPONTIN.

Moi?

COLACHE.

Tu sais coudre?

STRAPONTIN.

Certainement... je... je *cousaille*.

COLACHE, lui remettant le panier à ouvrage.

Tu trouveras là dedans du fil, des aiguilles...

HERMANCE.

Donne, mon ami... je vais moi-même...

COLACHE.

Non !... Toi, tu vas me faire le plaisir de t'asseoir... (Lui donnant une chaise.) là... (Elle s'asseoit.) Maintenant, croise les bras... les femmes ne doivent rien faire... ce sont de belles paresseuses... (Mignardant.) de petites *feignantes*.

STRAPONTIN, assis de l'autre côté et se débattant avec un écheveau de fil qu'il emmêle.

Cristi de cristi !

COLACHE.

Quoi ?

STRAPONTIN.

Ça vient, ça vient.

COLACHE.

Moi, je vais m'occuper du dîner... (Remontant au buffet.) Croise toujours les bras.

HERMANCE, à part, bâillant.

Ah ! mais, je m'ennuie... (Regardant Strapontin.) Il n'est pas mal, ce jeune homme !

STRAPONTIN, à part.

On dirait qu'elle me fait de l'œil... Dame ! quand une femme n'a rien à faire.

COLACHE, redescendant.

J'ai trouvé un poulet dans le panier de Julie. (S'asseyant et mettant une serviette sur ses genoux.) Je vais le plumer. (Il plume.) L'homme doit travailler pour deux.

STRAPONTIN met ses bésicles et coud, à part.

Si nous ne sommes pas à empailler!

SCÈNE X

Les mêmes, ELPHÉGE, habillé en collégien.*

ELPHÉGE.

C'est moi! Bonjour, mon cousin... j'arrive du collége...

COLACHE.

Ah! c'est Elphége... Assieds-toi... Veux-tu plumer?

ELPHÉGE.

Oh! merci!... j'aimerais mieux tuer des *moigneaux*... dans le jardin... Prêtez-moi votre fusil.

COLACHE.

Tout à l'heure... Et travailles-tu bien? Est-on content de toi?

ELPHÉGE.

Oui... j'explique l'*Énéide*... les amours de Didon... C'est une rude tourterelle, allez!

COLACHE, toussant pour le faire taire.

Hum! hum!

STRAPONTIN, à part.

Il va bien le Bébé!

HERMANCE.

Une tourterelle! Qu'est-ce que vous voulez dire?

COLACHE.

Rien! rien! Croise toujours les bras.

* Strapontin, Elphége, Colache, Hermance.

ELPHÉGE.

Didon ?... C'est une tourterelle qui a eu des malheurs... en vers latins... mais comme elle entend l'amour ! (Avec passion.) Oh ! l'amour ! Je l'ai lu aussi !

STRAPONTIN, toussant.

Hum ! hum !

HERMANCE, à part.

Comme il a grandi !... c'est presque un homme ! (Haut.) Mon cousin, c'est très-mal, vous ne m'avez seulement pas dit bonjour.

ELPHÉGE.

Tiens ! c'est vrai !... Ma cousine, voulez-vous permettre ? (Il l'embrasse.*)

HERMANCE, à part, mettant la main sur son cœur.

Ah !

ELPHÉGE, de même.

Ah !

COLACHE, à part, plumant.

Deux enfants !... deux enfants !

STRAPONTIN, à part.

Ce petit m'embête !... à quelle heure le couche-t-on ?

COLACHE, à Elphége.

Viens !... je vais te prêter mon fusil pour tirer des oiseaux...

ELPHÉGE.

Oh ! non !... ces pauvres oiseaux qui s'aiment sur les branches...

HERMANCE.

Il a de très-bons sentiments.

ELPHÉGE.

J'aimerais mieux aller me promener dans le jardin avec ma cousine...

---

* Strapontin, Colache, Elphége, Hermance.

COLACHE.

Allez! allez dans le jardin... causez avec les roses!... *(A part.)* Deux enfants! deux enfants!

STRAPONTIN, à part.

Heureusement qu'on le rentre ce soir.

ELPHÉGE, offrant son bras à Hermance.

Allons, ma cousine...

COLACHE.

Moi, je vais embrocher mon poulet.

CHOEUR.

AIR : *Polka des buveurs. (Punch-Grassot.)*

C'est entendu, c'est convenu,
Il ne faut pas de temps perdu.
Bientôt $^{ma}_{sa}$ femme m'aimera,
Et l'on verra ce qu'on verra.

(Elphége et Hermance vont dans le jardin. — Colache entre dans la cuisine.)

SCÈNE XI

STRAPONTIN, puis ANATOLIE.

STRAPONTIN, seul.

Ah! il m'ennuie avec son pantalon. (Il le jette.) Sapristi! mon corset me gêne, ça m'étouffe!...

ANATOLIE, entrant le livre à la main.**

Je viens de lire ce livre... et me voilà toute rêveuse... j'ai envie de pleurer... je suis toute *gnan-gnan!* J'ai du vague à l'âme.

---

† Strapontin, Elphége, Hermance, Colache.
** Strapontin, Anatolie.

STRAPONTIN, à part.

Vieille folle!... Oh! il me serre trop. Décidément je vais l'ôter... en même temps je me ferai la barbe. (Il sort.)

ANATOLIE, seule.

Que ce chapitre sur le *Rajeunissement de l'amour* est donc bien écrit!... et cet autre : *Il n'y a point de vieilles femmes!* (Avec exaltation.) On devrait l'inscrire en lettres d'or sur la poitrine des maris! et cette page!... (Lisant.) « Le Titien peint de préfé-
» rence les belles dames de trente ans, Rubens va sans difficulté
» jusqu'à quarante et au delà! » (Répétant.) Et au delà!... « Van
» Dyck ne connaît point d'âge!... » (Avec transport.) « Oh! Van
» Dyck!... c'est mon homme! » (Elle pose le livre sur la table.)

SCÈNE XII

ANATOLIE, PIPEREL.*

PIPEREL, entrant très-affairé.

Qu'est-ce que j'ai donc fait de la petite vis qui est près du cylindre?

ANATOLIE, avec émotion.

Monsieur Piperel!

PIPEREL.

Ah! c'est toi, Anatolie, tu n'as pas vu une petite vis?... (Il cherche sur la table.)

ANATOLIE, à part.

J'éprouve un charme indéfinissable à la vue de cet homme. (Avec douceur.) Prosper!

PIPEREL.

Quoi?

ANATOLIE.

Je suis languissante... Parlez-moi! regardez-moi! entourez-moi!

PIPEREL.

Tu es incommodée?... Je te disais bien de ne pas tant manger de salade...

* Piperel, Anatolie.

ANATOLIE.

Il ne s'agit pas de salade. (Avec douceur.) Prosper!

PIPEREL.

Natolie?

ANATOLIE.

Vous souvient-il du jour où vous demandâtes ma main à maman?

PIPEREL.

Oui... il y a longtemps, par exemple!

ANATOLIE.

Prosper!

PIPEREL.

Natolie!

ANATOLIE.

Ne trouvez-vous pas que nous vivons bien isolés... bien séparés... Monsieur à droite... Madame à gauche... c'est bien triste... Voyez les colombes!

PIPEREL.

Les colombes?

ANATOLIE.

Elles reposent sur une seule branche ; nous pourrions n'en avoir qu'une... la même!...

PIPEREL.

Ah bien non!... merci!

ANATOLIE.

Pourquoi?

PIPEREL.

Parce que... parce que tu ronfles trop!

ANATOLIE.

Moi?

PIPEREL.

Oui, depuis 1838... tu as l'air de souffler dans un entonnoir.

ANATOLIE.

Qu'importe!

PIPEREL.

Tiens! ça m'empêche de dormir.

ANATOLIE.

Dormir ! (Avec mépris.) Ah ! tenez... vous n'avez rien de Van Dyck

PIPEREL.

Van Dyck ! Ah çà ! est-ce que tu deviens folle ?... à ton âge... à cinquante...

ANATOLIE, vivement.

Il n'y a pas d'âge ! il n'y a pas de vieilles femmes !

PIPEREL.

Qui est-ce qui a dit ça ?

ANATOLIE.

Le chapitre 4.

PIPEREL.

C'est possible !... mais il y a de vieux maris. Bonsoir.

ANATOLIE.

Prosper !

PIPEREL.

Ah ! voilà ma petite vis. (De la porte.) Oh ! oui ! il y a de vieux maris ! (Il sort.)

SCÈNE XIII

ANATOLIE, puis STRAPONTIN.

Ah ! j'ai épousé la Bérésina !... mais je saurai l'attendrir à force de soleil, de cajoleries, de coquetteries. Tiens ! si je procédais aux soins de ma toilette... personne !... c'est un mystère ! (Ouvrant une petite armoire.) J'ai caché là ma précieuse recette... (Tirant une houppe et une boîte.) La voilà ! (Lisant sur le couvercle de la boîte.) « Poudre de Jouvence... Cette poudre communique à la peau la blancheur de l'albâtre et la fermeté du marbre... également bonne pour les dents... et les gants ; prix : 3 francs. » (Se blanchissant le visage avec la houppe.) Oh ! la fermeté du marbre !... c'est mon rêve !

STRAPONTIN, entrant avec un plat à barbe et se débarbouillant le menton, à part. *

Je voudrais bien avoir de l'eau chaude...

ANATOLIE, apercevant Strapontin.

Oh ! ! !

STRAPONTIN, apercevant Anatolie.

Ah ! ! !

ANATOLIE.

La bonne qui se rase !

STRAPONTIN.

Le tante qui se *debureaute !*

ANATOLIE, l'examinant.

Ces pieds... ces mains... un homme !

STRAPONTIN.

Pincé !

ANATOLIE.

Que venez-vous faire ici... sous ce costume ?

STRAPONTIN.

Pas un mot ! j'y viens pour toi... femme épanouie.

ANATOLIE.

Pour moi ?

STRAPONTIN.

Car je t'aime ! je t'admire ! tu me fais l'effet d'un beau soir d'automne.

ANATOLIE.

Il m'aime ! (Sautillant.) O bonheur ! ô bonheur ! (S'arrêtant.) C'est-à-dire, non !... (Criant.) Au secours ! au secours ! **

STRAPONTIN, haut, tirant le pistolet de son fichu.

Vous voulez que je meure... soit !

ANATOLIE, effrayée.

Un pistolet !

STRAPONTIN.

Si vous faites un mouvement... couic !

* Anatolie, Strapontin.
** Strapontin, Anatolie.

ANATOLIE, poussant un cri aigu.

Ah!!!

SCÈNE XIV

LES MÊMES, PIPEREL. *

PIPEREL, accourant au bruit.

Qu'y a-t-il?

STRAPONTIN, à part.

Lui! passez, muscade! (Il refourre le pistolet dans son fichu.)

PIPEREL, les regardant et très-étonné.

Tiens! elles ont le menton tout blanc!

STRAPONTIN et ANATOLIE.

Oh! (Ils s'essuient le menton.)

STRAPONTIN.

C'est du lait; nous avons bu du lait.

ANATOLIE.

Comme deux petites folles.

PIPEREL.

Mais pourquoi ce cri?

STRAPONTIN.

On a crié?

ANATOLIE.

Je n'ai rien entendu.

PIPEREL.

Que le bon Dieu vous bénisse!... me déranger au moment où j'allais remettre l'échappement.

ANATOLIE.

Prosper!...

PIPEREL.

Quoi?...

* Strapontin, Piperel, Anatolie.

ANATOLIE.

Viens m'aider à m'habiller...

PIPEREL.

Je n'ai pas le temps... prends la bonne !

ANATOLIE.

Lui !

PIPEREL.

Hein ?

ANATOLIE.

Elle ! jamais !

PIPEREL.

Eh bien ! habille-toi toute seule. Tu m'ennuies. (Il rentre dans sa chambre.)

ANATOLIE.

Je l'ennuie ! (Sanglottant.) Je l'ennuie ! Ah ! jeune homme ! (Elle lui envoie un baiser avec la main.)

STRAPONTIN.

Hein ?

ANATOLIE.

Mystère, silence et discrétion !... ne me suivez pas, ne me suivez pas. (Elle rentre vivement.)

SCÈNE XV

STRAPONTIN, HERMANCE, puis COLACHE. *

STRAPONTIN.

Si elle croit que j'en ai envie !

HERMANCE, entrant en courant et tout essoufflée.

Ah ! je viens de courir.

STRAPONTIN.

Qu'avez-vous ?

* Hermance, Strapontin.

HERMANCE.

C'est mon cousin... il m'a proposé de jouer au berger, dans le jardin. Il a couru après moi, il m'a attrapée... il m'a embrassée.

STRAPONTIN, à part.

Sapristi ! il pratique trop l'Énéide.

HERMANCE.

C'est étonnant comme cet enfant-là a fait des progrès !... il est en rhétorique maintenant...

STRAPONTIN.

Méfiez-vous des fleurs de rhétorique... elles produisent souvent des fruits bien amers.

HERMANCE.

Que voulez-vous dire?

STRAPONTIN, à part.

Coulons le petit. (Haut.) Enfant, vous ne voyez donc pas le précipice qui s'entr'ouvre sous vos pas?

VOIX DE COLACHE, dans la coulisse.

Thomassine !

STRAPONTIN.

Voilà ! (Continuant.) Ce précipice couvert de roses... ce précipice...

COLACHE, paraissant.

Thomassine !

STRAPONTIN, à part.

Ah ! qu'il est embêtant.

COLACHE, à part. *

J'ai plumé le poulet, je l'ai flambé... mais je ne sais pas comment le vider ! (A Strapontin.) Thomassine, j'ai besoin de toi.

STRAPONTIN.

C'est que madame me demandait...

COLACHE.

Tu vas vider le poulet.

* Hermance, Colache, Strapontin.

STRAPONTIN, à part.

Moi?... Ah ! non !

COLACHE.

Je n'aime pas qu'on raisonne! passez devant.

STRAPONTIN, à part.

Eh bien ! j'ai de l'agrément dans cette place-là. (Il sort.)

COLACHE, à sa femme.

Toi, croise toujours les bras, cause avec les roses.

SCÈNE XVI

HERMANCE, ELPHÉGE. *

ELPHÉGE, entrant.

Ah ! ma cousine, je vous cherchais.

COLACHE.

Cause avec les roses... Je vais embrocher le poulet... (Il entre dans la cuisine.)

ELPHÉGE.

Ma cousine !

HERMANCE.

Oh ! je vous préviens que je ne veux plus jouer au berger...

ELPHÉGE.

Pourquoi ça?

HERMANCE.

Parce que... parce que ça m'essouffle.

ELPHÉGE.

Oh ! moi aussi !... Quand je suis près de vous le cœur me bat d'un fort... il me semble que c'est le pion.

HERMANCE.

Eh bien ! je vous remercie de la comparaison.

* Hermance, Elphége.

ELPHÉGE.

Oh! vous ne lui ressemblez pas du tout. D'abord, il prend du tabac, tandis que vous... Il a de grosses mains, tandis que vous... Et puis, je ne peux pas le souffrir, tandis que vous...

HERMANCE, baissant les yeux.

Vraiment?... (A part.) Comme il a changé à son avantage.

ELPHÉGE.

Ma cousine?

HERMANCE.

Quoi?

ELPHÉGE.

Je crois que jeudi dernier j'ai oublié de vous dire bonjour. (Voulant l'embrasser.) Bonjour, ma cousine.

HERMANCE.

Elphége! finissez! *

ELPHÉGE.

Ah! ça me ferait tant de plaisir! tant de plaisir! (Il l'embrasse. Colache paraît.)

SCÈNE XVII

LES MÊMES, COLACHE.

COLACHE, avec un tablier blanc et un couteau de cuisine à la ceinture. **

Un baiser! qu'ai-je vu? (A Hermance.) Ah! madame!... et c'est pendant que je tournais la broche!...

ELPHÉGE, à part.

Il va me flanquer des gifles.

HERMANCE.

Ah! mon ami... pardonne-moi... le temps est à l'orage...

---

* Elphége, Hermance.
** Elphége, Colache, Hermance.

COLACHE.

C'est vrai ! le baromètre est au variable... « *Ne contrariez jamais votre femme en temps d'orage...* » page 97.

HERMANCE.

Tu sauras tout... d'abord il est devenu très-gentil, mon cousin... Et tu sais, les femmes... sont faibles... capricieuses...

COLACHE.

Oui... c'est dans le livre... (A part.) C'est égal, c'est embêtant ce que j'ai vu là !... Nous voilà au chapitre de l'aveu ! (Prenant le livre.) J'ai corné la page... deux cornes ! *

HERMANCE.

Mon ami... en me laissant embrasser, j'ai commis une faute... je mérite une correction... Inflige-moi une correction.

COLACHE.

C'est encore dans le livre ! attends. (Lisant.) « *Ne frappez pas une femme... même avec une fleur.* » (Parlé.) Oh ! que c'est joli ! (lisant) à moins qu'elle ne vous le demande à genoux. (A Hermance.) Me le demandes-tu à genoux ?

HERMANCE.

Ma foi, non !

COLACHE.

Très-bien ! voilà une affaire réglée. Où est donc l'autre ?... (L'apercevant au fond.) Ah ! ** (A Elphége.) Quant à toi, petite vipère...

ELPHÉGE.

Je ne le ferai plus.

HERMANCE.

Grâce !

COLACHE.

Ta, ta, ta... Je vais d'abord lui lire son article. (A Esphége.) A genoux ! (Ouvrant le livre et lisant.) *Enfant ! elle a arrêté son regard sur toi... tu te ressentiras toujours de ce glorieux bonheur... je t'adopte !* (Étonné.) Tiens !

* Elphége, Hermance, Colache.
** Elphége, Colache, Hermance.

HERMANCE, étonnée.

Tiens.

ELPHÉGE, étonné, se relevant.

Tiens !

COLACHE, lui donnant une poignée de main.

Allons ! voilà deux affaires réglées.* (A part.) Je me place au rang des grands philosophes... néanmoins je vais renvoyer le petit à sa pension. (Appelant.) Thomassine !

SCÈNE XVIII

Les Mêmes, STRAPONTIN, puis ANATOLIE, puis PIPEREL. **

STRAPONTIN, paraissant.

Monsieur...

COLACHE.

Habille-toi, tu vas reconduire l'enfant.

STRAPONTIN.

Ça me va

ELPHÉGE, pleurant.

Ah ! je ne veux pas m'en aller.

HERMANCE, pleurant.

Non ! je ne veux pas qu'il s'en aille.

STRAPONTIN.

Allons, en route, et plus vite que ça ! (Il cherche à entraîner Elphége qui se débat ; dans la lutte la robe de Strapontin est arrachée. Celui-ci paraît en pantalon dans une cage à crinoline. Il reste en paysanne par le haut.) ***

* Colache, Elphége, Hermance.
** Colache, Strapontin, Elphége Hermance.
*** Strapontin, Colache, Elphége, Hermance.

TOUS.

Un homme !

STRAPONTIN, ôtant sa coiffure.

Reconnu !

COLACHE, HERMANCE, ELPHÉGE.

ENSEMBLE.

Air de Wallace.

Vraiment, c'est incroyable !
Un homme !... trahison !...
Vous allez, misérable,
Quitter cette maison.

STRAPONTIN.

Vraiment, c'est incroyable !
Je suis pris !... trahison !...
Allons, je suis bon diable,
Je quitte la maison !

COLACHE.

Strapontin ! encore vous !... la première passe... mais la seconde...

STRAPONTIN.

Oh ! puisque nous sommes déjà en relations d'affaires !...

ANATOLIE.

Quel est ce bruit ? * (Apercevant Strapontin.) Lui ! découvert !

COLACHE, à Strapontin.

Monsieur, ça ne se passera pas comme ça.

ELPHÉGE, à part.

Il va l'adopter.

STRAPONTIN.

Je suis à vos ordres.

* Strapontin, Anatolie, Colache, Elphége, Hermance.

L'AMOUR

ANATOLIE, à Colache.

Arrêtez !... ne le tuez pas ! je l'aime !... je l'aime !

COLACHE.

Hein ? La tante !...

ELPHÉGE, regardant Hermance.

Je l'aime !... *

COLACHE.

Et ma femme aussi !... Ah ça ! le feu est donc à la maison... et c'est grâce à ce livre... car, enfin, nous étions tous tranquilles...

ANATOLIE.

Mon neveu...

COLACHE.

Pardon, je me recueille... (A lui-même.) Est-ce que ce petit ouvrage se serait fourré le doigt dans l'œil ?... Il est bien écrit, du reste... mais il a l'air de conduire tout droit les maris... au *strapontinage*. (Mettant le volume dans sa poche.) J'en ferai cadeau à mon notaire... il ne craint plus rien.

PIPEREL, entrant, sa montre à la main. **

C'est fini... j'ai reconstruit ma montre... Seulement, elle ne marche plus.

COLACHE.

Voyez-vous, père Piperel, les montres... c'est un peu comme les femmes... quand on veut trop les étudier, on tombe dans le galimatias... Ayez soin de votre femme, mais ne soyez pas trop son horloger.

PIPEREL.

Je ne comprends pas.

COLACHE.

Voyez-vous... ce qu'on a écrit de mieux sur l'amour, le voici :

* Strapontin, Anatolie, Colache, Hermance, Elphége.
** Strapontin, Anatolie, Piperel, Colache, Hermance, Elphége.

L'AMOUR

Air : *C'est l'amour,* etc.

C'est l'amour, l'amour, l'amour

TOUS.

Qui fait le monde à la ronde,
Et chaque jour,
A son tour,
Le monde fait l'amour

COLACHE.

Suite de l'air.

D'un écrivain fort à la mode.
Nous avons critiqué l'amour ;
C'est un droit aussi vieux qu'Hérode
De plaisanter chaque maître à son tour.
L'amour qu'on vous présente
A ce joyeux comptoir
Vaut-il trois francs cinquante ?
Revenez demain soir,
Voir l'amour, l'amour, etc.

FIN.

Paris. — Imp. de la Librairie Nouvelle, A. Bourdilliat, 15, rue Breda.

www.ingramcontent.com/pod-product-compliance
Lightning Source LLC
Chambersburg PA
CBHW060705050426
42451CB00010B/1277